INTRO

TEXTES ET ILLUSTRATIONS DE FRANÇOIZE BOUCHER

Nathan

HÉ ! HO !
NOUS
CRÉATURES
!!!!!!!!!!!
ALLEZ, 3,2,1, ON CRIE !!!
??
HÉ, C'EST QUOI CE MURMURE ? VOUS N'AVEZ PAS VU L'OBJET MAGIQUE DU LIVRE ?

HOU ! HOU ! SOMMES DES EXTRAORDINAIRES !!!!!!!!!!!!

AH, MAIS BIEN SÛR ! UTILISONS LE SUPERMÉGAPHONE !

HO ! LES GARS ! J'ENTENDS UN CRI SUR LA TERRE !
TAIS-TOI SPECTOR, CONTEMPLE LES ÉTOILES !
↑ MARTIENS EN BALADE DANS L'ESPACE
DISTANCE TERRE / MA
= 75 MILLIONS DE KM
AOR
...!!
ON HURLE !
ELLE ÉTAIT ARCHI NULLE TON IDÉE SUPERVERDETERRE, ÇA NE TIENT PLUS SUR LA PAGE ...

MAIS ÇA VEUT DIRE QUOI « AORDI » EN LANGAGE TERRIEN ?
ÇA VEUT DIRE « BOUCLE-LA ET LAISSE-NOUS ADMIRER L'UNIVERS »
DI
BON, OK, JE RÉPÈTE ALORS :
NOUS SOMMES DES CRÉATURES EXTRAORDINAIRES, PIGÉ ?

SUPER BIG BRAIN
(POUR IMAGINER DES BÊTISES ET DES BLAGUES NULLES)
ŒIL DE LYNX POUR REGARDER LES FILLES
CHEVEUX EN PÉTARD
OREILLE RÉGLABLE POUR N'ENTENDRE QUE CE QUI EST COOL
ŒIL BIONIQUE
DENTS DE CANNIBALE POUR CROQUER LA VIE ET LES BONBECS
LANGUE À SUPER GRIMACES

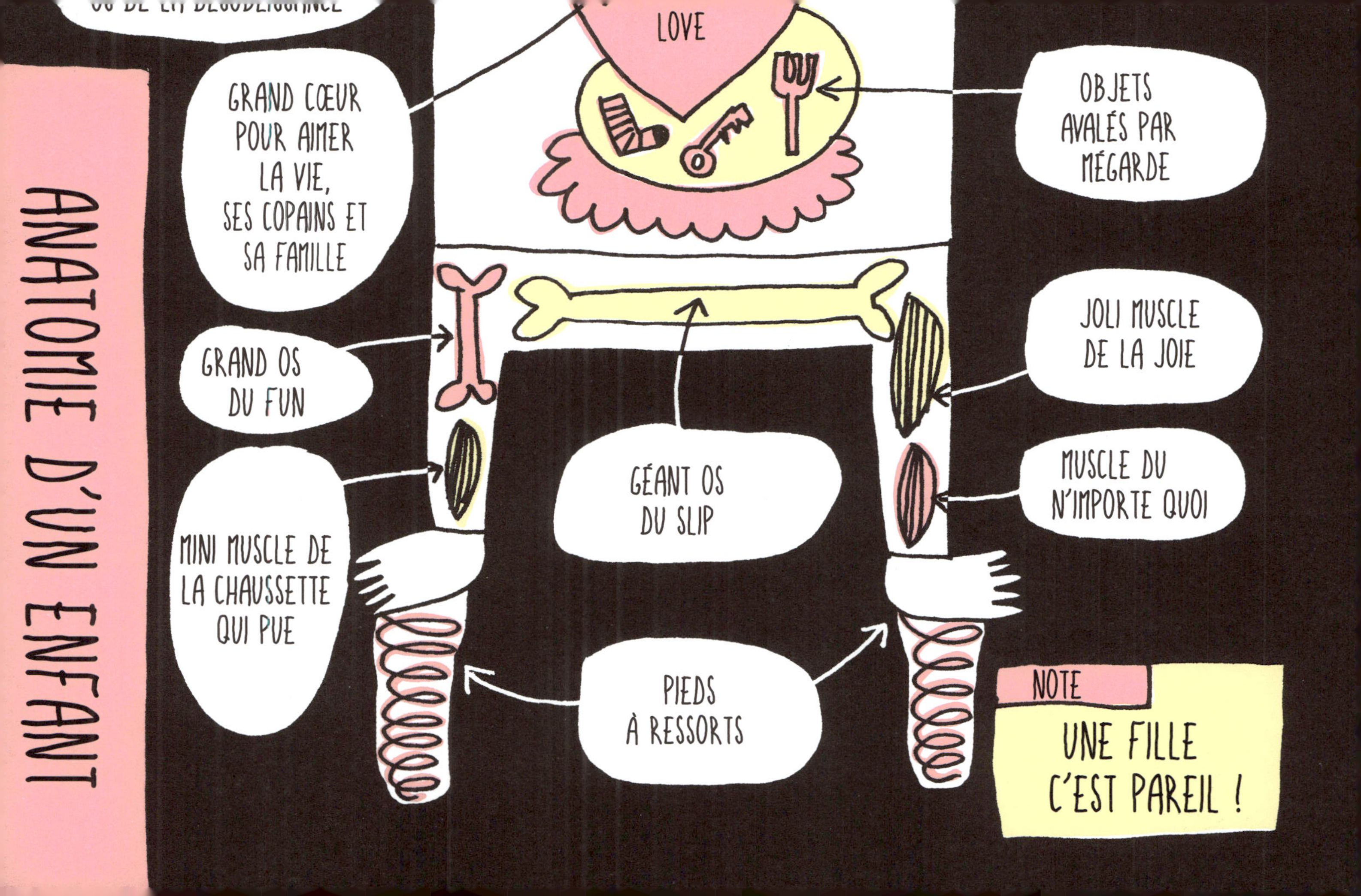
ANATOMIE D'UN ENFANT
LOVE
OBJETS AVALÉS PAR MÉGARDE
GRAND CŒUR POUR AIMER LA VIE, SES COPAINS ET SA FAMILLE
JOLI MUSCLE DE LA JOIE
GRAND OS DU FUN
GÉANT OS DU SLIP
MUSCLE DU N'IMPORTE QUOI
MINI MUSCLE DE LA CHAUSSETTE QUI PUE
PIEDS À RESSORTS
NOTE
UNE FILLE C'EST PAREIL !

A — L'ENFANT IDÉAL SELON LA PLUPART DES ADULTES

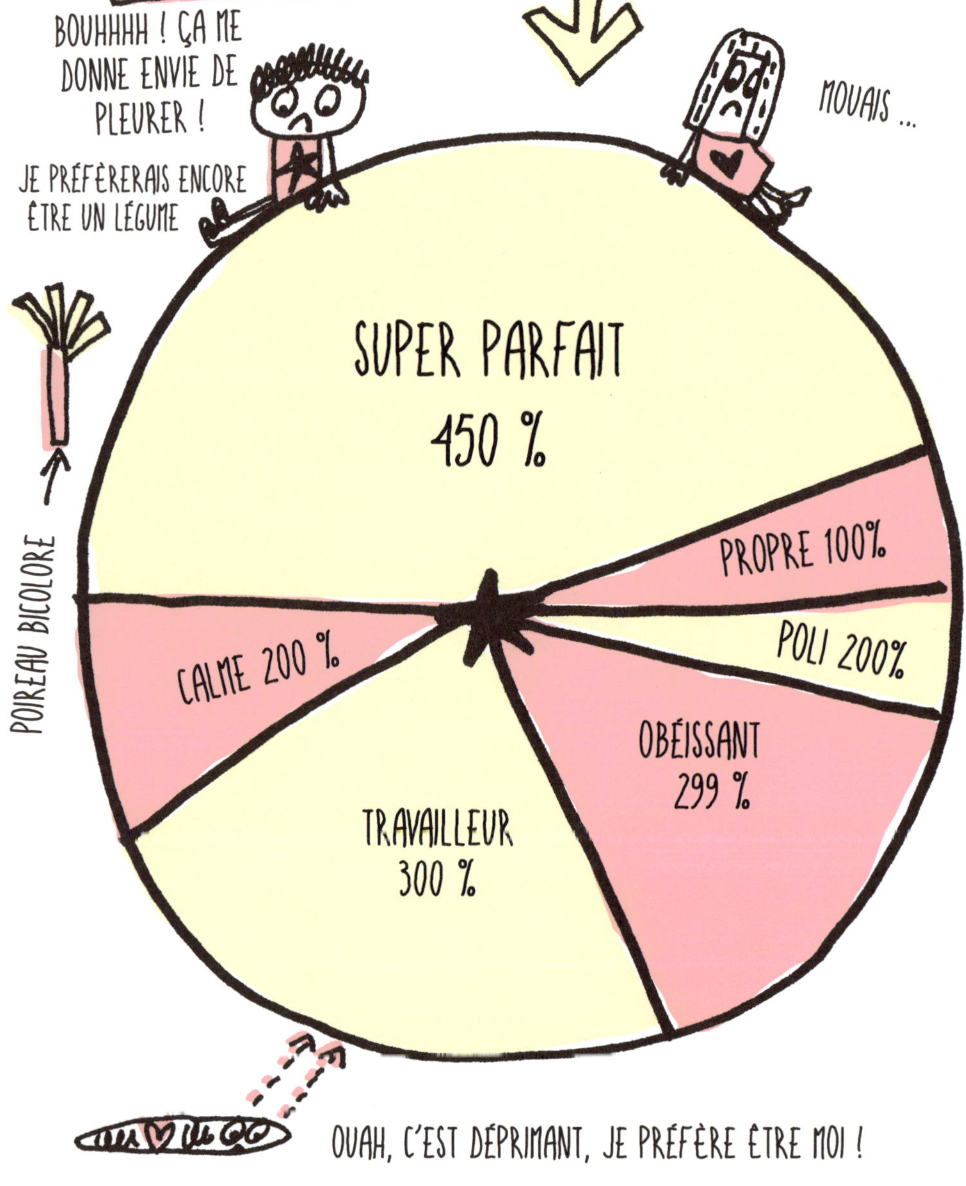

B

ET L'ENFANT CARRÉMENT HYPER GÉNIAL SELON NOUS

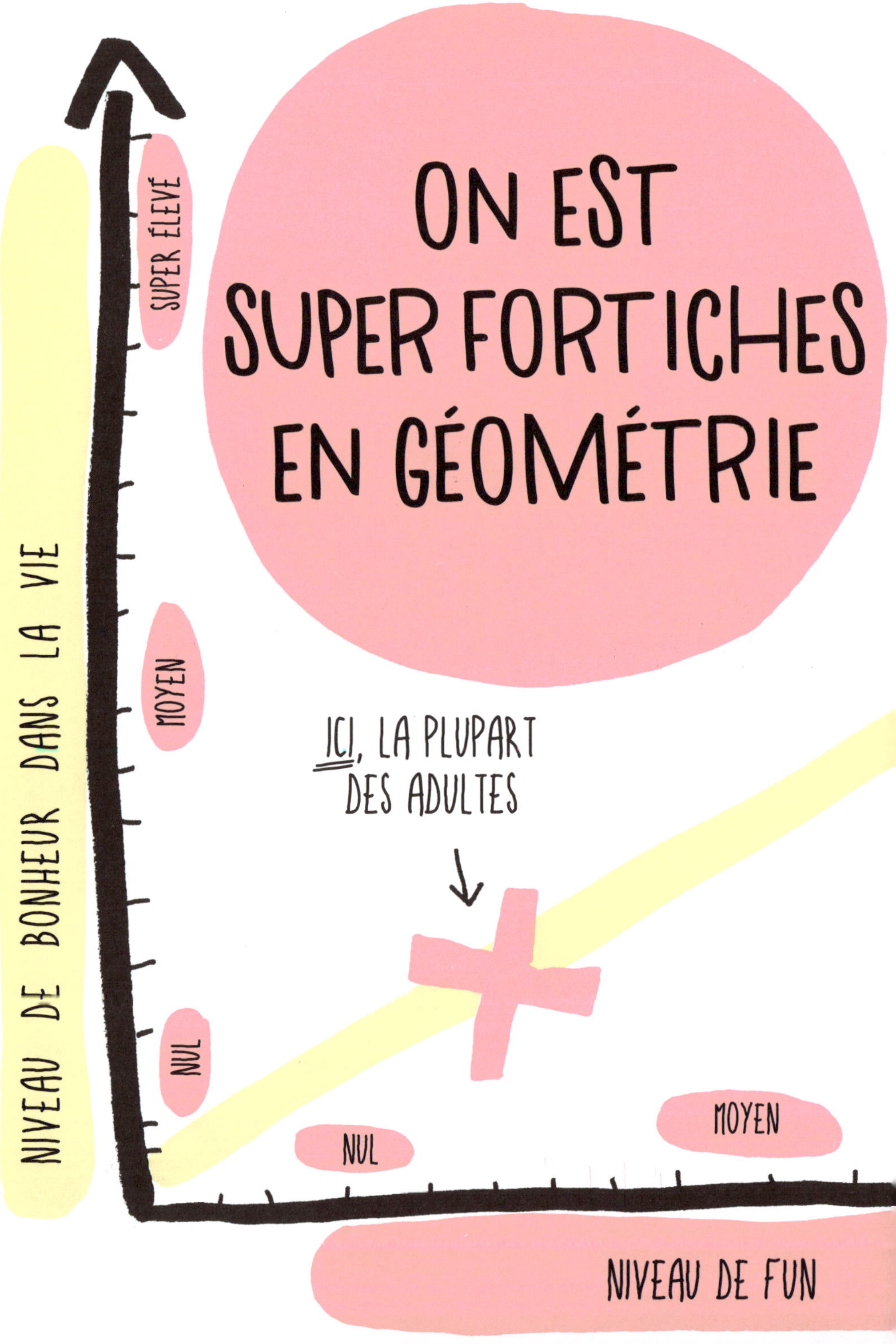
ON EST SUPER FORTICHES EN GÉOMÉTRIE
NIVEAU DE BONHEUR DANS LA VIE
SUPER ÉLEVÉ
MOYEN
NUL
ICI, LA PLUPART DES ADULTES
NUL
MOYEN
NIVEAU DE FUN

CONSEIL

MONTRE CETTE COURBE À TES PARENTS ET PROPOSE-LEUR DE TE REJOINDRE LÀ

COURBE TRÈS SIMPLE

(À LA PORTÉE D'UN NOUVEAU-NÉ)

ON SAIT CE QUI EST IMPORTANT... NON ?

HELLO ! MA SUPER COPINE !
J'AI TROP DE CHANCE D'AVOIR UNE AMIE COMME TOI, JE T'ADORE !!
C'EST QUOI CE SOUK ?
OUI, MOI AUSSI
BOOK
HÉHÉ ! J'AI GAGNÉ !
FERME-LA !

... ET CE QUI NOUS REND INFINIMENT HEUREUX

HELLO ! JE SUIS JOURNALISTE À KIDMAG
ENCHANTÉ MÔSIEUR
POUVEZ-VOUS ME DÉVOILER CE QUI VOUS REND HEUREUX ?
BEN, C'EST PAS COMPLIQUÉ ...
N°1 LE FUN
N°2 MES POTES
N°3 ET GLANDOUILLER ~~TOUT NU~~ EUH, EN CALEÇON DANS MON LIT AVEC MON ORDI ET UNE PIZZA GÉANTE
QUELLE VIE DE RÊVE, JE DÉMISSIONNE !

NOUS SOMMES DE MAGNIFIQUES ARTISTES

YOOHOO ! JE SUIS PLUS CANON QUE BEYONCÉ
HOHO ! REGARDEZ MON AUTO-PORTRAIT !
QUELLE CRÉATIVITÉ !
VIVE MOI !
CAROTTES
FRITES
I ♥ ART
TABLE DE LA CANTINE
SCULPTURE COMESTIBLE

ON POSE DES QUESTIONS, ON VEUT TOUT SAVOIR

DANS LA RUE...
BONJOUR MONSIEUR, C'EST QUOI CE GROS TRUC BIZARRE SUR VOTRE NEZ ? UNE TOMATE ? UNE MALADIE MORTELLE ?
BEURK !
DANS LE BUS...
COUCOU ! RÉPONDEZ-MOI FRANCHEMENT :
VOUS ÊTES UN HOMME OU UNE FEMME ?
JE SUIS UN PONEY, ESPÈCE DE MALPOLI
À LA MAISON ...
BON, LES PARENTS, J'AIMERAIS BIEN QUE LES CHOSES SOIENT CLAIRES !
VOUS M'AVEZ FABRIQUÉE COMMENT EXACTEMENT ?
??
ALLEZ CHÉRIE, C'EST LE MOMENT DE FAIRE SEMBLANT D'ÊTRE MORTS
OK, REÇU 5/5
SUPER DÉGONFLÉS

NOTRE MONDE EST EXTRA MAGIQUE
YO !
CUI CUI
MOI, PAR EXEMPLE, LA NUIT QUAND JE DORS, JE ME TRANSFORME EN OISEAU OU EN PAPILLON
HA ! HA ! ET POURQUOI PAS EN TAPIS VOLANT ? ...
EN CROTTE DE CHIEN ?...
OU EN POT DE FLEUR ?
MOQUEUR

LE PÈRE NOËL
TA SUPER MÈRE = FÉE
TON PÈRE = SURHOMME
LISTE REÇUE 5/5
JE VAIS TE GÂTER
JE SUIS HYPER COOL
I ♥ YOU
JE T'AI PRÉPARÉ DES CRÊPES
SUPER FÉE
TU VEUX UN MASSAGE ?
MOI AUSSI I ♥ YOU
ON FAIT UN FOOT ?
J'AI RÉPARÉ TON VÉLO
SUPERMAN

ON AIME TROOOP INVENTER DES MOTS QUE LES ADULTES NE PIGENT PAS

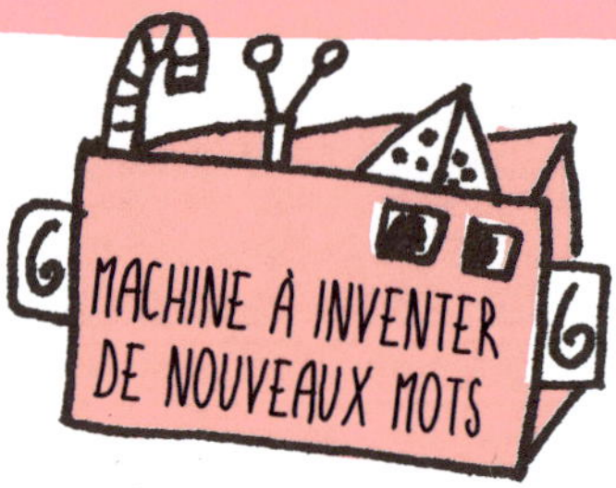

SITUATION A : GRAVE
HÉ BOLOSSE ! TU SCHMOUTES DES IEP !!
MEUF ! KEUM ! À MA TEUF !
ZIK À DONF ! TROP FRAIS !
?
?
SITUATION B : PIIIIRE
ARRÊTEZ LA TURVOI LES PARENTS ! JE VAIS MIRVO !
QU'A DIT NOTRE ENFANT MON AMOUR ?
JE VAIS REGARDER SUR GOOGLE TRADUCTION CHÉRI
AHHH ZUT ALORS ! JE N'AI PAS DE RÉSEAU
...BLURP
HI ! HI ! BIEN FAIT, IL FALLAIT M'EMBAUCHER
MORTE DE RIRE

ET MÊME PRONONCER D'HOOOORRIBLES GROS MOTS

PAR EXEMPLE, VOICI LA LISTE
DE MES 10 GROS MOTS PRÉFÉRÉS :

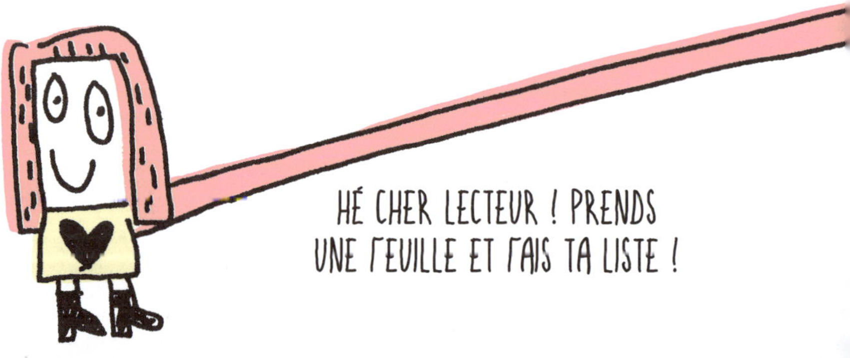

KOUA ? C'EST QUOI CE GROS RECTANGLE NOIR ?
C'EST L'ÉDITEUR QUI A CENSURÉ. TU NE PEUX PAS ÉCRIRE ÇA DANS UN LIVRE POUR ENFANTS
1
2
3
4
5
6
7
8
9
10
MAIS ELLE EST OÙ MA LIBERTÉ D'EXPRESSION ? JE RÊVE !
ALLEZ, CHUCHOTE-LES MOI DANS L'OREILLE
OK, PSS .. PSS
? ?
GULP
BEN QUOI ?
? ?

ON ADOOOOORE MANGER N'IMPORTE QUOI !!!
HÉ ! TU VOIS CE QUE JE VOIS !
YES ! LE PARADIS TOTAL !
AVEC UNE CANETTE, ÇA VA ÊTRE UN PUR DÉLICE
DEG SODA CHIMIQUE
KAKA KALA
MIAM MIAM

MON CRAZY BURGER IDÉAL

QUAND ON SAIT CE QU'ON VEUT DEVENIR, FAITES-NOUS CONFIANCE

QUAND JE SERAI GRANDE, JE SERAI REINE D'ANGLETERRE !
QUEEN
(QUE ÇA VOUS PLAISE OU NON)
LONDON
ET J'HABITERAI LÀ
BUCKINGHAM PALACE
WELCOME HOME !
J'ESPÈRE QU'ELLE M'INVITERA

ET SI
ON EST UN
PEU PERDUS,
ALORS AIDEZ-
NOUS !

CONSEILLÈRE D'ORIENTATION
COMPTE-TENU DE VOS RÉSULTATS AUX TESTS, JE VOUS IMAGINE PARFAITEMENT EXPLORATEUR EN AFRIQUE, FOOTBALLEUR PROFESSIONNEL DANS LE MEILLEUR CLUB DU MONDE OU COIFFEUR DE STARS FÉMININES À HOLLYWOOD
CETTE FEMME EST UN GÉNIE
NUAGE DE FÉLICITÉ

SI ON VEUT, ON PEUT !

ON FONCE !

JUST DO IT

TOUT EST POSSIBLE !

LA PREUVE!! →

YES WE CAN !

ON Y CROIT !

OUI !

SUPER CAP !

20 ANS PLUS TARD

BEN VOILÀ, JE SUIS DEVENU
UN GRAND AVENTURIER,
DRESSEUR DE LIONS. JE NE DIS
PLUS DE GROS MOTS ET
JE MANGE DE LA SALADE BIO

ET MOI
JE SUIS REINE D'ANGLETERRE,
JE SUIS 100% POLIE
ET JE NE BOIS PLUS
JAMAIS DE KAKA KALA

EX-ENFANTS AYANT RÉALISÉ LEURS RÊVES

ON EST LES ROIS AVEC NOS

DE LA FÊTE COPAINS !

ON ADORE JOUER AVEC TOUT ET N'IMPORTE QUOI !!!

PAR EXEMPLE AU FRISBEE AVEC SUPERVERDETERRE

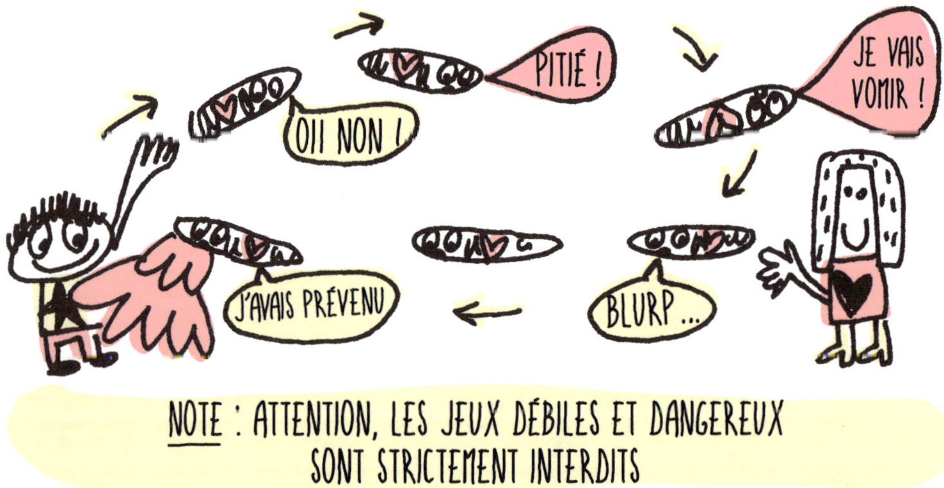

NOTE : ATTENTION, LES JEUX DÉBILES ET DANGEREUX SONT STRICTEMENT INTERDITS

ET FAIRE DES BLAGUES MÉGA
TIENS, D'AILLEURS, TU CONNAIS L'HISTOIRE DE....
AAAAAHHH NON PITIÉ PAS CELLE LÀ !
ET HOP
SCOTCH

ON S'ÉMERVEILLE !

MAIS ELLE VA SE CALMER EN BAS ?
FLOCON RABAT-JOIE
MAIS NON PATATE !!! C'EST PAS ÇA ! J'AI EU UN PORTABLE POUR MON ANNIV' !!!!
BEN MOI, J'AI EU UN BONNET POUR NOËL
TROP BEAU ! JE M'ÉVANOUIS DE JOIE ...
OUAIS ! IL TOMBE DE LA NEIGE FLUO, C'EST DINGUE, J'ADORE !

PARFOIS,

ON

MEURT

D'ENNUI...

OH OH ?
Y'A QUELQU'UN ??

BONJOUR
LA DÉPRIME...

LAISSEZ-NOUS TRANQUILLES QUAND ON A ENVIE DE NE VOIR PERSONNE

(ET OUI, ÇA ARRIVE)

CONVERSATION ENTRE UN ENFANT ET SON HAMSTER
CHAMBRE PRIVÉE
TU COMPRENDS, BOB, MÊME MON MEILLEUR AMI ME PREND LE CHOU, TOUT LE MONDE M'ÉNERVE !
TU NE PEUX PAS FAIRE UN EFFORT ?
NAAAN ! JE VAIS FUGUER SUR UNE ÎLE DÉSERTE…
BON ALORS JE VIENS AVEC TOI !
BOB
QUEL BONHEUR !
YES !
FIN
ET OUI, PARFOIS, LES ANIMAUX SONT LES MEILLEURS AMIS DES ENFANTS

NOUS SOMMES DE JOYEUX EXPLORATEURS DE LA VIE

ON APPREND EN FAISANT PLEIN D'EXPERIENCES BIZARRES !

1
TIENS, TIENS, C'EST QUOI CE JOLI BOUTON ? ET SI J'APPUYAIS DESSUS ?
2
ZIM BAM BOUM ABRACADABRA
HÉ ! HÉ ! UNE FORMULE MAGIQUE !
3
ET UNE FICELLE ÉTRANGE
OOOH ET LÀ, JE VOIS UNE PÉDALE !
4
OUILLE, JE CRAINS LE PIRE ...
ET PAF !

ARGHH
CATA
OUPSSSS... AU SECOURS ! J'AI FAIT APPARAÎTRE UN MONSTRE À 3 TÊTES !
MIAM DE LA CHAIR FRAÎ
BEN OUI, TU AS TROUVÉ LA COMBINAISON DES 4 ACTIONS MAGIQUES ! BRAVO !
VITE UNE PHOTO !
CLIC CLAC

LA SUPER !!!
TINKIET ! ON NE VA PAS TE CROQUER...
... ON AIME TROP LES ENFANTS CURIEUX
OUF !!! MERCI LES GARS !!!

ON PEUT
SE CACHER
PARTOUT
PARTOUT

LE MONDE INTERDIT DES ADULTES
BON, LES KIDS DORMENT, IL FAUT QU'ON DISCUTE SÉRIEUX DARLING
MOUAIS ! EN PLUS J'AI UN TRUC HYPER DINGUE À T'ANNONCER !
FAIS GAFFE DE NE PAS ÉTERNUER
AH ! J'ADORE !
OREILLE BIONIQUE D'ESPION
ZOOM OREILLE
DÉCRYPTAGE DES MOTS INCONNUS
AMPLIFICATEUR
ENREGISTREMENT
ON / OFF
ENVOI DES DONNÉES SUR LE CLOUD

ON GRANDIT NON-STOP !

LUNDI 1ER JANVIER

BEN, T'ES QUI TOI ?
TU ME FAIS
FLIPPER ...

MARDI 2 JANVIER

BEN JE SUIS
LE NOUVEAU
TOI,
TU NE TE
RECONNAIS PAS ?

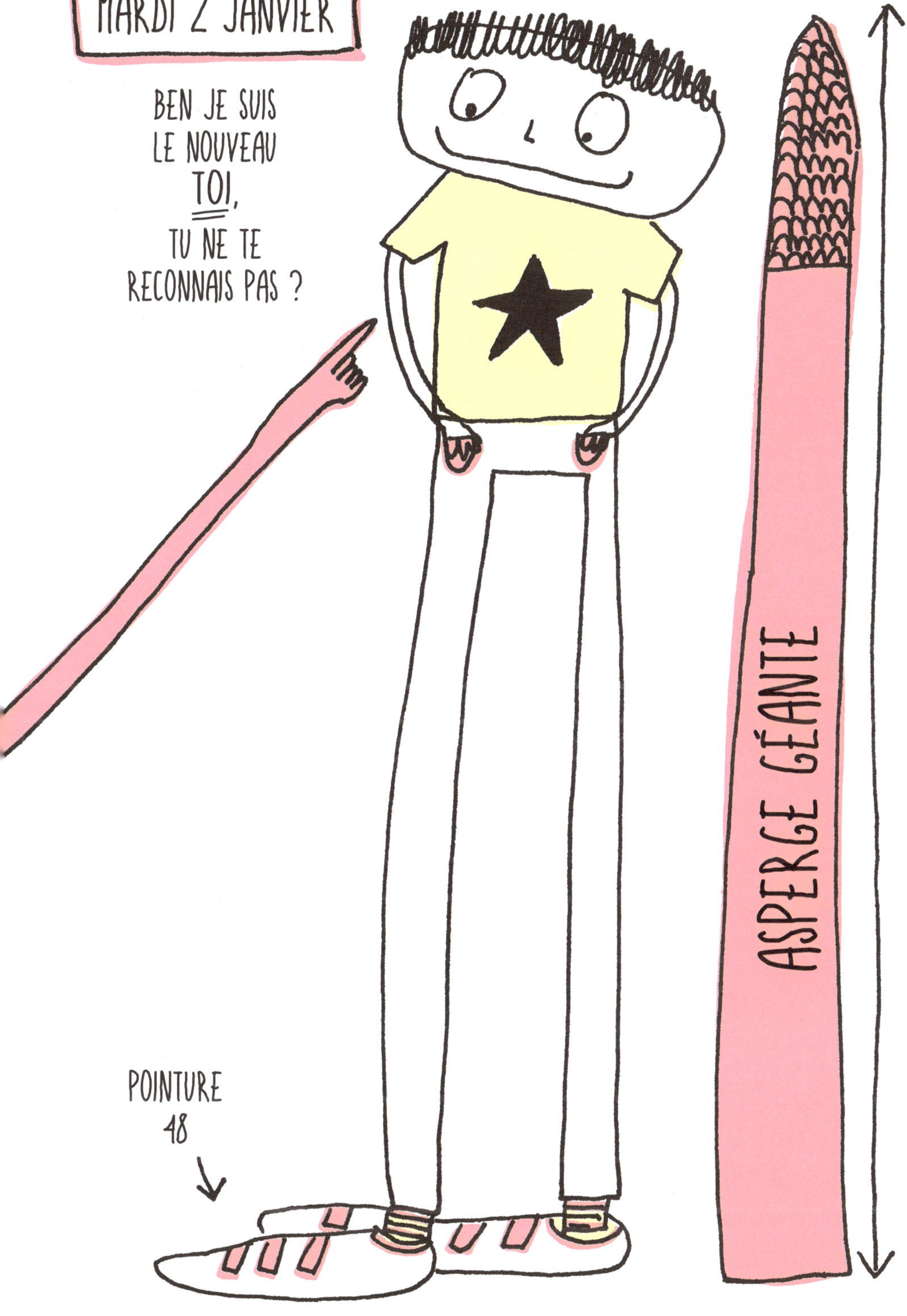

ON RÊVE SOUVENT D'ÊTRE PLUS VIEUX (ET PLUS GRAND)

2
AVOIR DES DISCUSSIONS PASSIONNANTES COMME LES ADULTES : LES ÉLECTIONS, LES IMPÔTS, LA TONDEUSE À GAZON, LE CHÔMAGE, LES MALADIES, L'ÉCONOMIE MONDIALE, MA CARRIÈRE, MON PSY, MA PROCHAINE VOITURE ...
... EUH
EUH ...
EUH ...
PFFF....
PFFF....
C'EST PAS RIGOLO EN FAIT
FAUDRAIT SAVOIR
80 CM
EN FAIT, JE CROIS QUE JE VAIS RESTER ENCORE UN PEU LÀ, TU PEUX PARTIR GIRAFE

WELCOME
WE ARE THE BEST
VIVE NOUS !
YO !
HÉ !
TOP !
TOUS DIFFÉ
TOUS GÉ
SIGNÉ : TOUS LES ZENFANTS
EX-ENFANTS SUR LE CHEMIN DU BOULOT
BRAVO !
C'EST TELLEMENT VRAI !

ÉCOLE
1 2 3 4 5 6 7 8 CIEL
HIP ! HIP !
HIP !
HOURRA !
ON A TAGUÉ LE MUR DE L'ÉCOLE POUR QUE CE SOIT BIEN CLAIR !
RENTS ! NIAUX !!
DU MONDE !!!
LE DIRLO FURAX TOUT ROUGE
TOUS VIRÉS !

ON COMPREND TOUT SI ON NOUS EXPLIQUE SUPER BIEN

OPTION A

OPTION B
SIMPLE, HONNÊTE ET CLAIR
BON BEN VOILÀ, TU SAIS TOUT MON CHOU...
C'EST DINGUE !
MERCI DE VOTRE CONFIANCE !
!!!
DROIT DANS LES YEUX
MÊME SI CE N'EST PAS DRÔLE, JE PRÉFÈRE SAVOIR

ON DEVINE <u>TOUT</u> (OU PRESQUE)

ViiiiTE !
MA BOULE DE CRISTAL !
OUILLE !
C'EST DU LOURD !
BON, ALORS
1 MAM'S S'EST FAIT RATER CHEZ LE COIFFEUR
2 PAP'S S'EST FAIT PIQUER SA VOITURE
3 VOUS VOUS ÊTES DISPUTÉS GRAVE
4 ET AU BOULOT C'EST L'ENFER !
?
AHHH ! MAIS COMMENT TU LE SAIS ?
?
BEN JE SUIS EXTRA LUCIDE COMME TOUS LES KIDS !
LES ADULTES NE PEUVENT PAS NOUS CACHER GRAND CHOSE...

NOUS SOMMES DES HYPER-EXPERTS

(SANS NOUS LES ADULTES SERAIENT DES DINOSAURES)

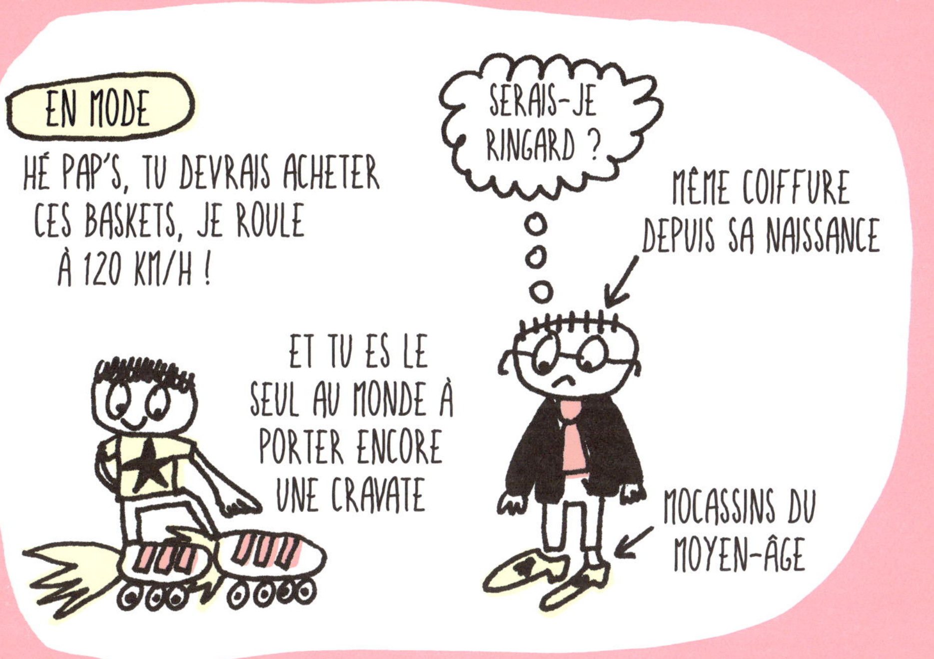
EN MODE
HÉ PAP'S, TU DEVRAIS ACHETER CES BASKETS, JE ROULE À 120 KM/H !
SERAIS-JE RINGARD ?
MÊME COIFFURE DEPUIS SA NAISSANCE
ET TU ES LE SEUL AU MONDE À PORTER ENCORE UNE CRAVATE
MOCASSINS DU MOYEN-ÂGE

EN MUSIQUE
AAAAAAAAAH
JE KIFFE À DONFFFF !
ALORS MAM'S, T'EN PENSES QUOI ?
PLUS FORT !!!
JE VEUX ALLER AU CONCERT AVEC TOI !
ET ACHETER LE T-SHIRT !
BON, ELLE VA SE CALMER ?
ET DANS PLEIN D'AUTRES DOMAINES

HÉ, LES ADULTES ! VOUS NE PENSEZ TOUT DE MÊME PAS QU'ON PEUT PASSER NOTRE VIE ICI COMME DES PLANTES VERTES ?
A ZONE SAGE
C'EST TROP PADRÔLE ! ON DESCEND !
FRONTIÈRE
MOI AUSSI JE VIENS !
B ZONE PAS SAGE
QUELLE SUPER BONNE IDÉE !
ICI C'EST TOP !

ZONE D'ENNUI MORTEL
RON
PSCHIIIIIT
GRRR....
YEH !
HI ! HI !
ZONE D'AVENTURE ET DE FUN
YO !
HO ! HO !
ATTENDEZ-MOI !

MAIS CE QU'ON PRÉFÈRE, C'EST

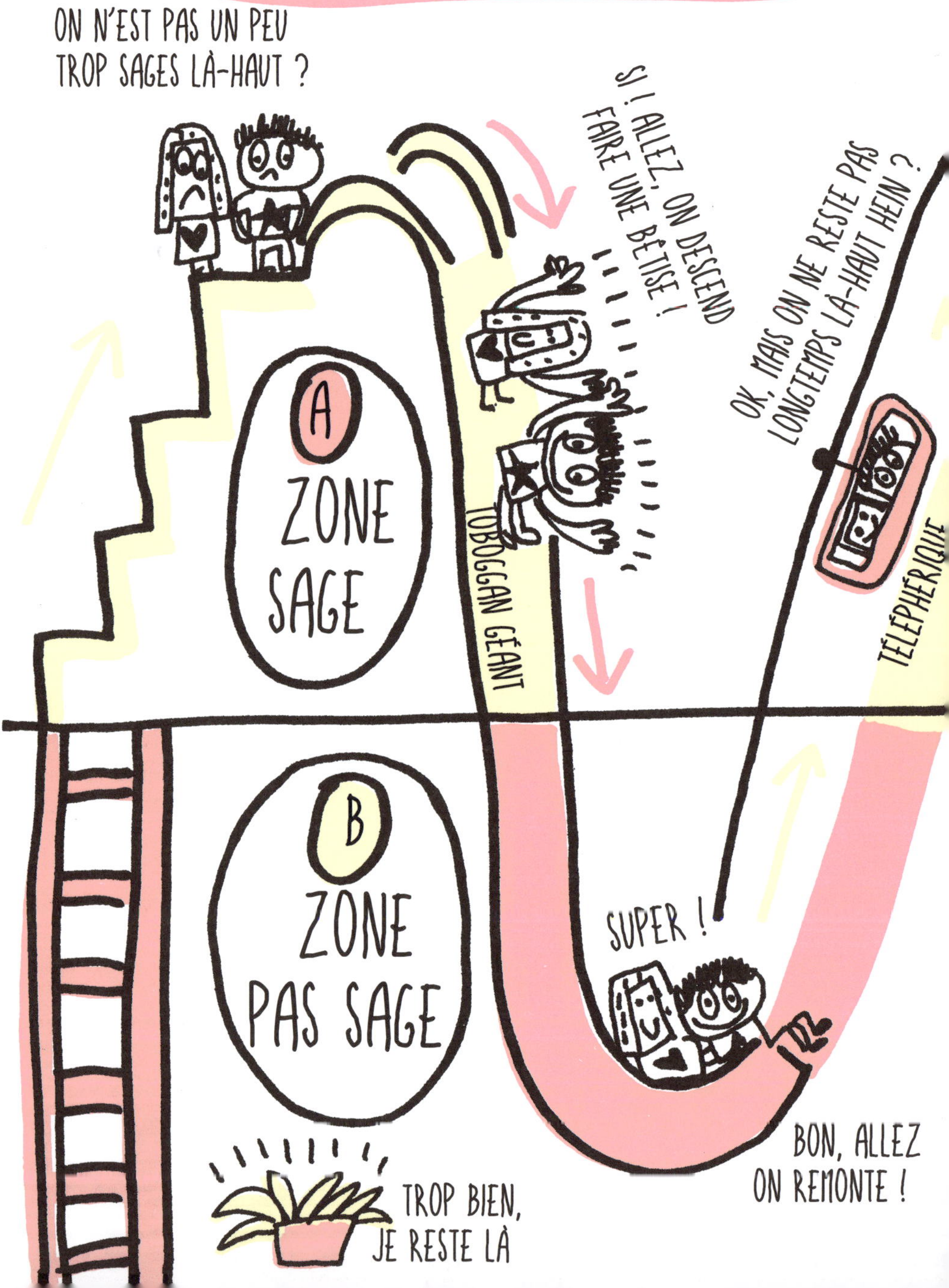

PASSER D'UNE ZONE À L'AUTRE !

BON... OK...
DE TEMPS EN TEMPS
ON EXAGÈRE
UN PEU...

ET ÇA, C'EST MA MONTAGNE DE LINGE SALE DEPUIS MARS 2012
ÇA, C'EST LE GROS TAS DE FOIS OÙ JE N'AI PAS OBÉI CETTE ANNÉE
ET ZOUM !
ET YOOO !
NAN ! NAN !
ET RENAN !
DESCENDS DE LÀ TOUT DE SUITE !
I ♥ GLANDER
ROCK
ROLL
VIVE MOI

PARFOIS

ON MENT,

BEN OUI QUOI,

PARFOIS

ON

MENT...

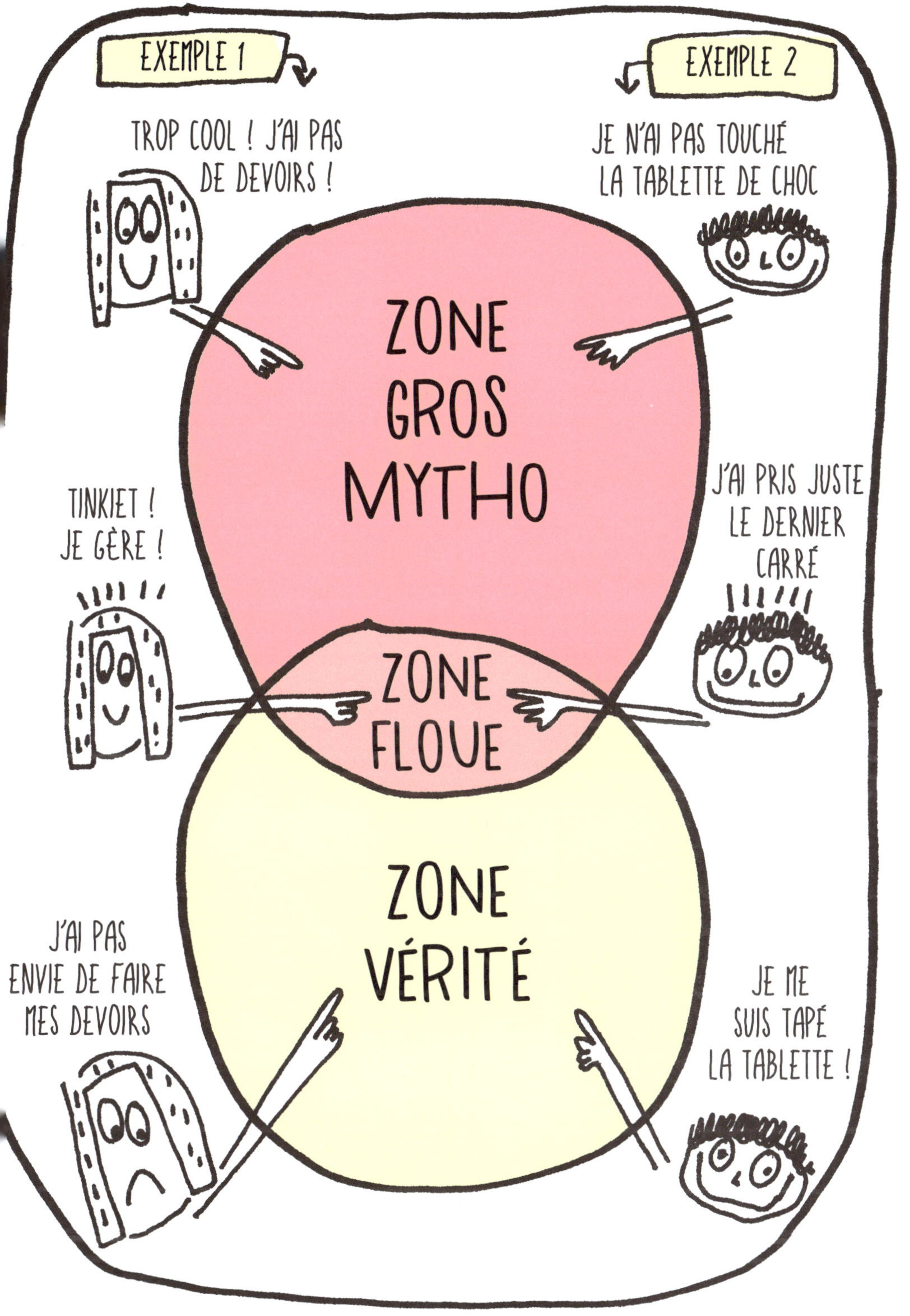
EXEMPLE 1
EXEMPLE 2
TROP COOL ! J'AI PAS DE DEVOIRS !
JE N'AI PAS TOUCHÉ LA TABLETTE DE CHOC
ZONE GROS MYTHO
TINKIET ! JE GÈRE !
J'AI PRIS JUSTE LE DERNIER CARRÉ
ZONE FLOUE
ZONE VÉRITÉ
J'AI PAS ENVIE DE FAIRE MES DEVOIRS
JE ME SUIS TAPÉ LA TABLETTE !

EN CAS D'EXTRÊME
SEMBLANT D'ÊTRE

VENDREDI MATIN

URGENCE ON FAIT PRESQUE MORT, HÉ HÉ !

SAMEDI MATIN
YOUHOU !!! ÇA VA TELLEMENT MIEUX ! JE VAIS POUVOIR ALLER À LA BOUM DE MACHIN !
PAS QUESTION ! MÊME PAS EN RÊVE !
HEIN ? POURQUOI «PAS QUESTION» ? J'AI MAL ENTENDU ?
HIER, TU ÉTAIS À L'AGONIE, ALORS AUJOURD'HUI, TU TE REPOSES
COUPLE DE DICTATEURS CRUELS
MAIS TOUS MES COPAINS Y VONT !!! C'EST ARCHINUL !
ON S'EN FICHE ! AU LIT IMPOSTEUR !
TYRAN SANS CŒUR
CRÉATURE 200 % INHUMAINE

SAMEDI APREM'
HELP !!!! Y A-T-IL UN AVOCAT POUR ENFANTS PARMI LES LECTEURS ?
OU JUSTE QUELQU'UN AVEC UNE GROSSE PINCE ?
UN PILOTE D'HÉLICO AVEC UNE ÉCHELLE ?
FERS
MENOTTES
CHAÎNES
LIT
SOUPE BEURK
BISCOTTE
T'INQUIÈTE MON CHOU, ON TE LIBÈRERA LUNDI POUR ALLER À L'ÉCOLE
HI HI
HO HO
OUAIS ! QUELQUEFOIS LA VIE EST VRAIMENT TROP INJUSTE !

ON REND NOS PARENTS TRÈS TRÈS TRÈS HEUREUX

RAYONS DE BONHEUR

ET LE MONDE
TELLEMENT
TELLEMENT
PLUS JOYEUX
AVEC NOUS C'EST LA MÉGAFÊTE...
... 24H/24
BOUM
BOUM
BOUM
C'EST BIENTÔT FINI, BANDE DE FOUS FURIEUX ?
LA VOISINE DU DESSOUS

ÇA Y EST, ELLE NOUS FAIT SA MINUTE POÉTIQUE À 2 BALLES...
BEN OUI QUOI, LES ZENFANTS, C'EST COMME LE SOLEIL, ILS ILLUMINENT LE MONDE ! EN PLUS IL Y EN A DES MILLIARDS !!!
CRÈME SOLAIRE
ELLE SE PREND POUR J.K.ROWLING AVEC SES LUNETTES ?

T'EN PENSE QUOI, TOI, LE SOLEIL ?
J'EN PENSE QUE SI TU VEUX FINIR TON LIVRE, ARRÊTE DE TE BALADER ET RENTRE CHEZ TOI !
ZOOM
LUNETTES HYPER BRANCHÉES
OUI, TU AS RAISON, AU BOULOT
HOME
YES ! IL A RAISON
IL FAUT QU'ELLE ARRÊTE DE GLANDOUILLER

ON EST DES SUPER REBELLES !!!
JE VAIS LA NUIT
ET SI FRANÇOIZE DE DESSIN, J'ARRÊTE

PASSER TOUTE SUR YOUTUBE, NA !!

NE PREND PAS DE COURS DE JOUER DANS SES LIVRES !

…PARFOIS MÉGA HYPER ÉNERVÉS
ZOO
OK, PAS DE PROBLÈME BABY
HÉ, LE LION, TU PEUX M'APPRENDRE À RUGIR MÉCHAMMENT ?
J'AI BESOIN DE PIQUER UNE CRISE
HÉ HÉ

ROAR!
ROAR !
ROAR!
ROAR!!!
ROAR!
ROAR!
??
ÇA FAIT DU BIEN !

…OU CARRÉMENT FOUS DE JOIE !

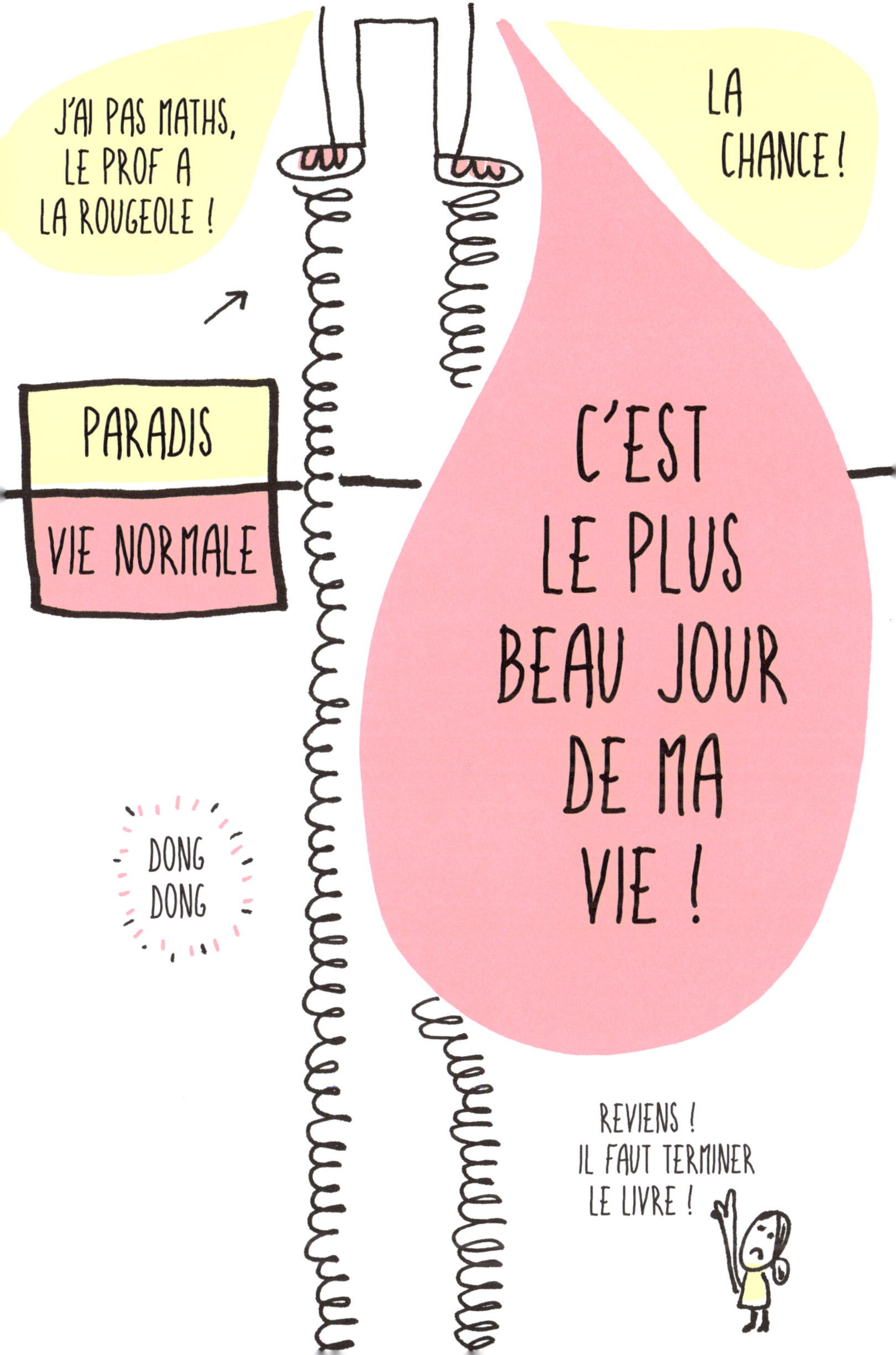
J'AI PAS MATHS, LE PROF A LA ROUGEOLE !
LA CHANCE !
PARADIS
VIE NORMALE
C'EST LE PLUS BEAU JOUR DE MA VIE !
DONG DONG
REVIENS ! IL FAUT TERMINER LE LIVRE !

QUELQUEFOIS ON A TROP LA TROUILLE

(ET C'EST NORMAL)

HOU ! HOU !
JE SUIS LE GROS TRUC * QUI TE FAIT FLIPPER !
OH NON, PITIÉ, SAUVE-TOI !
* EXEMPLES : INTERRO DE MATHS, EMBRASSER UNE FILLE, DEVENIR SDF

D'AFFREUX DOUTES PEUVENT NOUS ENVAHIR

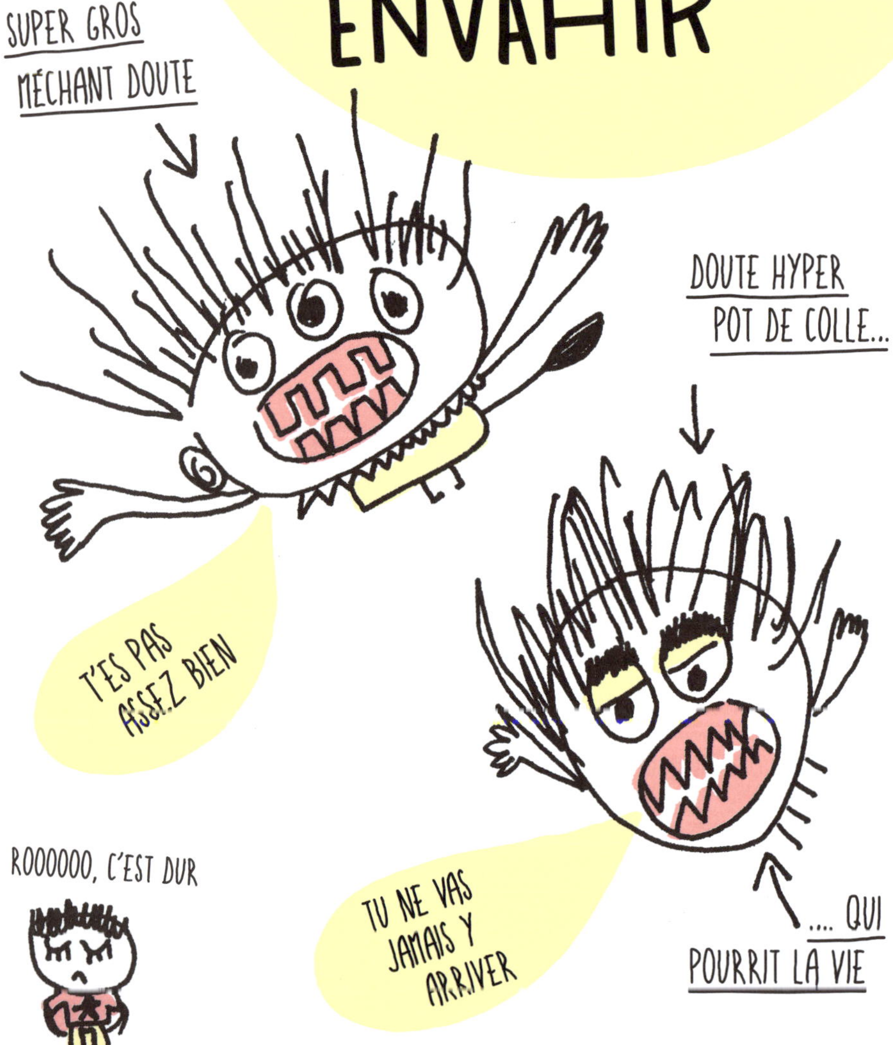

VIEUX DOUTE
T'ES BÊTE
DOUTE ZOMBIE
T'ES TROP MOCHE
DOUTE DÉBILE MENTAL
MINI LÉGER DOUTE
CE MEC T'A REGARDÉ BIZARREMENT, NON ?
T'ES TROP DIFFÉRENT
HORRRIBLE DOUTE
PERSONNE NE T'AIME HA ! HA !

ET ALORS,
ON A
VRAIMENT
VRAIMENT
BESOIN
D'ÊTRE
RASSURÉS

NE T'INQUIÈTE PAS
MON AMOUR,
TU ES PARFAIT
ET TOUT VA BIEN
SE PASSER !
RESPIRE !

NOUS AIMONS BEAUCOUP NE RIEN FAIRE

ÇA NOUS DONNE DE SUPER IDÉES !

17H
????
IL VEUT
MA PHOTO ?

19H
POUBELLE
DE LA CUISINE
TABLE À
REPASSER
COUPÉE EN DEUX
BALAI
TIENS, TIENS,
ET SI JE VOLAIS
MOI AUSSI ?
OH LE COPIEUR !

SURTOUT

SURTOUT

SURTOUT

SURTOUT

ON A BESOIN

DE

LIBERTÉ

CONGRÈS MONDIAL
DU BONHEUR DES ENFANTS
VIDÉO
SURVEILLANCE
MMM MMM
ON PROPOSE QU'UN JOUR PAR SEMAINE, LES ENFANTS FASSENT EXACTEMENT CE QU'ILS VEULENT, SANS RIEN DEMANDER À PERSONNE !
PORTE-PAROLES
DES ENFANTS
FOULE EN
DÉLIRE
YES !
CLAP ! CLAP !
ET POURQUOI
PAS 2 JOURS ?
BRAVOOO !
TOUS LES
JOURS !
24H/24
QUELLE BONNE
IDÉE !

CONGRÈS MONDIAL
DU BONHEUR DES ENFANTS
MMM IL FAUT AGIR...
JE PROPOSE D'ÊTRE LE PREMIER PRÉSIDENT DE LA RÉPUBLIQUE DES ENFANTS !
NAN ! MOI !
TOI, TU SERAS MON 1ER MINISTRE
VIRONS LES VIEUX SCHNOCKS DU POUVOIR !
INVENTONS UN MONDE PARFAIT POUR LES KIDS !
HIP ! HIP ! HIP ! HOURRA !

PENDANT CE TEMPS, DANS SON BUREAU...
...LE VRAI PRÉSIDENT DES ADULTES
ALLÔ MON SUPER SERVICE DE SÉCURITÉ ??
NOUS AVONS UN BIG PROBLÈME ! INTERVENEZ IMMÉDIATEMENT !

M'EN FOUS ! JE NE LÂCHE PAS L'AFFAIRE ! UN JOUR JE SERAI PRÉSIDENT !!!
NAN ! MOI !
HÉ ! CALMEZ-VOUS LES KIDS !!!
SÉCURITÉ

ON A ENVIE
DE PRENDRE DE
GRANDES DÉCISIONS

TOUT SEUL

ALORS, SANS CONSULTER PERSONNE, NI ÉCOUTER AUCUN CONSEIL, SAUF MON CŒUR...
... COMME UNE GRANDE, JE VAIS DÉCIDER UN TRUC DINGUE ! NON DEUX !!
DEUX TRUCS DONT JE RÊVE !!
2 HEURES PLUS TARD
VOILÀ, J'AI CHANGÉ DE COIFFURE
ET ACHETÉ UN CHIEN
ALORS, VOUS EN PENSEZ QUOI ?
QUEL COURAGE ! QUELLE AUDACE !
VIVE MOI !
CLAP ! CLAP !
BEN MOI JE PENSE QU'ELLE VA MOINS RIGOLER EN RENTRANT À LA MAISON !

ON A UNE VIE SECRÈTE HYPER MÉGA PRIVÉE (MERCI DE LA RESPECTER)

TU AS PASSÉ UNE BONNE JOURNÉE MON CANARD ?
MOUAIS, MAIS M'APPELLE PAS MON CANARD
OH NON, ELLE RECOMMENCE AVEC SON ENQUÊTE
TU PEUX DÉVELOPPER UN PEU MON AMOUR ?
MOUAIS, BOF...
ELLE EST DE LA POLICE OU QUOI ?
DIS-MOI, TU AS FAIT QUOI ?
RIEN, J'AI BAILLÉ
ELLE ME SAOÛLE GRAVE, QUEL POT DE COLLE !
?
ALLEZ ! UN EFFORT !
BON, J'AI PLEIN DE DEVOIRS
ÇA, ÇA MARCHE À TOUS LES COUPS !
AH BON, ALORS VAZ-Y VITE !
À MOI LA PLAY STATION !

D'AILLEURS, MÊME SOUS LA TORTURE, ON NE DIRA RIEN

3 JOURS PLUS TARD
TU AS FAIT QUOI, IL Y A 3 JOURS ?
RIEN !
RACONTE !
RIEN !
JE SUIS TA MÈRE ! J'AI LE DROIT DE SAVOIR !
RIEN !
RIEN !
RIEN !
RIEN !
RIEN !
LÂCHE-MOI LES BASKETS !
JE SUIS PÉRIMÉ
ET OUI, PARFOIS ON EST AUSSI
SUPER TÊTUS

ON EST TRÈS TRÈS FORTS !!!

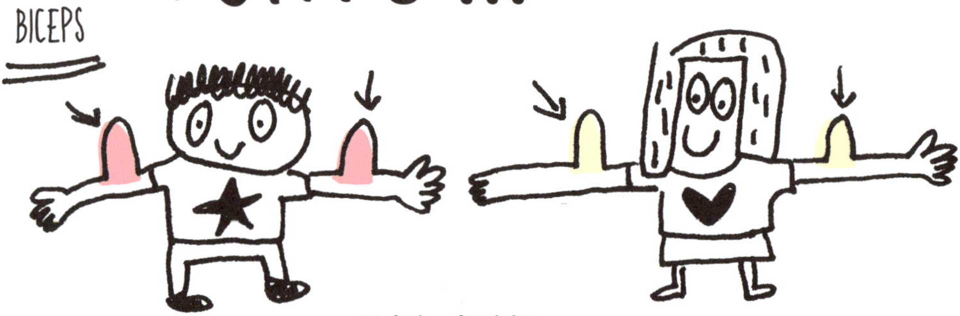

MAIS AUSSI :

FRAGILES

PRÉCIEUX

SENSIBLES ET

ÉMOTIFS

IRREMPLAÇABLES

DONC

PERSONNE N'A LE DROIT DE NOUS FAIRE LE MOINDRE MAL ! IL FAUT NOUS PROTÉGER !

HÉ, LES HURLEMENTS RECOMMENCENT LES GARS !
TAIS-TOI SPECTOR, TU ENTENDS DES VOIX !!
OUF ! CETTE FOIS, ÇA TIENT SUR LA PAGE
ON A D'ÊTRE COMME
IL EST GÉNIAL CE MÉGAPHONE !
BEAUCOUP ! BEAUCOUP !

M'EN FOUS,
UN JOUR
J'IRAI VOIR

BEN T'IRAS SANS NOUS !

RETOURNONS SUR MARS

BESOIN

AIMÉS

ON EST

CHER JOURNAL INTIME, JE TE JURE, AUJOURD'HUI JACK M'A REGARDÉE AVEC DES YEUX DE BRAISE
TREMBLEMENT DE GENOUX
JE SUIS SÛRE QU'IL EST DINGUE DE MOUA !
LARMES DE JOIE
JE SUIS SÛRE QU'IL VEUT M'ÉPOUSER !!! YEHH !!!
POULETTE, J'EN AI MARRE MOI, HIER C'ÉTAIT JO, AVANT-HIER BEN...
MAIS DE QUOI TU TE MÊLES
???
JOURNAL INTIME
BOUCLE-LA OU JE TE TRANSFORME EN CONFETTIS !

COMME LES GRANDS QUOI...

MAIS LE PLUS GÉNIAL, C'EST QU'ON A TOUTE LA VIE DEVANT NOUS POUR VIVRE DES AVENTURES EXTRAORDINAIRES !!!!
RENCONTRER DES GENS MERVEILLEUX
FAIRE LE TOUR DU MONDE
LÉGENDE
DÉJÀ VÉCU
RESTE À VIVRE

LE JOLI TOURBILLON DE LA VIE
SAUTER EN PARACHUTE
GLANDOUILLER DEVANT LA TÉLÉ
EUH NON, ÇA N'EST PAS UNE BONNE IDÉE
ÉPOUSER UN PAPOU
RÉALISER TOUS NOS RÊVES
DEVENIR DES ADULTES TRÈS CHOUETTES
BEST ADULTS
BREF, NOUS INVENTER UNE VIE QUI NOUS VA À MERVEILLE !
ENCORE 190 000 KM PAR LÀ

NOUS SOMMES
SUPER
DU MONDE
YO !
YES WE CAN !
EN ROUTE VERS LE FUTUR !
VIVE LA DIFFÉRENCE

LES HÉROS DE DEMAIN !

OUPS, ON A OUBLIÉ UN MESSAGE TRÈS IMPORTANT

TINKIET, IL NOUS RESTE UNE PAGE !

LE MONDE SERAIT TELLEMENT PLUS ENCHANTÉ SI TOUS LES ADULTES POUVAIENT SE SOUVENIR QU'ILS SONT D'EX-ENFANTS !

À CHLOÉ,
CLÉMENTINE,
GABIN
ET LOULOU

25 avenue Pierre de Coubertin 75013 PARIS

ISBN : 978-2-09-257450-8,
n° éditeur : 10228829.
Dépôt légal : septembre 2017.

Achevé d'imprimé en août 2017
par CLERC 18200 Saint-Amand-Montrond.

Loi n°19.956 du 16 juillet 1949 sur les publications destinées à la jeunesse, modifiée par la loi n°2011-525 du 17 mai 2011.

ET, CHEZ LE MÊME ÉDITEUR, VOICI LA LISTE DE MES ŒUVRES PRÉCÉDEN

- LE LIVRE QUI FAIT AIMER LES LIVRES
- LE LIVRE QUI T'EXPLIQUE ENFIN TOUT SUR LES PARENTS
- LE LIVRE QUI TE REND SUPER MÉGA HEUREUX
- LE LIVRE QUI T'EXPLIQUE ENFIN TOUT SUR LES COPAINS
- LE LIVRE QUI T'EXPLIQUE ENFIN TOUT SUR LES FILLES ET LES GARÇO
- LE LIVRE QUI TE DIT ENFIN TOUT SUR L'AMOUR
- LE KESKECÉ
- LE CAHIER D'EXOS RIGOLOS
- LA VIE MAGIQUE
- HAPPY STICKERS
- FUNNY STICKERS